Nadie
ES DUEÑO DEL MUNDO

Un manual sencillo para volver
a usar el sentido comúm.

Author Mr. Nobody

Escribí esta historia por amor a mis hijos.

Nadie quiere dar el primer paso.

Lo divertido de la vida son los imprevistos. ¿Por qué no te ayudas a ti mismo para que seas un poco más alegre? Un poco de movimiento sin hacer nada realmente.
¿Quieres estar informado de las novedades, de los eventos locales de las redes sociales o de cuándo sale el próximo libro?

El título es prometedor:
Nadie es soberano con el subtítulo,
Cómo: Empezar un proyecto

Deja tu nombre y el correo electrónico:
mrnobodyibiza@proton.me

ÍNDICE

Ilustraciones explicadas

#sabías que

#lógicadenadie

#nadiecompartesusideas

#omygod

INTRODUCCIÓN

Querida Alma Bella,

En primer lugar, quiero dejar algo claro, ya que no
tengo todas las respuestas. Cuando utilizo la palabra
"verdad" en este folleto, en realidad quiero decir que
no es una mentira. Utilizar la palabra verdad es más
fácil de leer para todos. Espero que me perdones por
ello. Ahora vayamos al grano, a veces, cuando miro
a mi alrededor, me pregunto: *¿En qué clase de mundo
vivimos realmente? ¿Es esta realmente nuestra elección o
está destinada a ser? y, si está destinado a ser, ¿por quién y
por qué?*
De todas las preguntas que te plantees, obtendrás
respuestas o percepciones después de leer mi folleto.

Página de definiciones. Quiero señalar que parte de
la terminología utilizada en mi folleto será nueva para
ti, por lo que he creado una Página de Definiciones en
la parte posterior de este folleto para que la consultes
cuando estés confundido con algunos términos.

Pero antes de contar mi historia, querido lector,
permíteme agradecerte que seas lo suficientemente
valiente como para leer esto. Cuestionará tus
creencias y, por tanto, te hará mirarte a ti mismo de
forma diferente. Bueno, a la mejor versión de ti
mismo, que es mi intención. Por lo tanto, el folleto
pretende sensibilizarte como ser humano y así
ayudarte a comprender mejor lo que ocurre a tu
alrededor. Cómo puedes seguirlo, o incluso mejor,
disfrutarlo. Por supuesto, sería estupendo que este
folleto sirviera de base para entablar conversaciones
reales con tus seres queridos, amigos o familiares
sobre estos temas tan importantes como delicados.

La mayoría de las personas de nuestra sociedad no

tienen ni idea de lo que realmente ocurre en la sociedad entre bastidores y de lo que realmente se está trabajando, y mucho menos de si, y cómo, pueden salir de esto. Para todas las personas inconscientes y conscientes, pero también para las personas relacionadas con las sociedades secretas y para las que no tienen ni idea de ello, he pensado que sería una gran idea escribir este folleto. La información que te revelo proporcionará a todos igualdad de oportunidades para vivir en esta sociedad.

¿Cómo? Revelaré secretos ocultos, esto significa literalmente secretos ocultos y por compartir conocimientos generalmente desconocidos. Este es un buen comienzo para alejar los poderes invisibles de aquello que nos controla; haré brillar un poco de luz en la oscuridad, podría decirse.

En este folleto utilizo palabras fuertes, como satanismo, magia negra y ocultismo. No para asustarte, sino para que seas consciente de que existen y para que pueda explicar mejor el mundo en el que vivimos. Así que no reaccionéis escandalizados, sino permitid que lo veáis con la mente abierta. Deja que te llegue como un ser humano que está aquí para experimentar su libre albedrío y para aprender de los demás.

Te lo explicaré lo más claramente posible, en capítulos cortos que no mienten, complementados con hechos y citas útiles que te dicen algo.

Mi personaje principal en el folleto se llama "Nadie".
Nadie es alguien que te recuerda cosas sencillas que
puedes haber olvidado o te da una perspectiva
diferente de lo que ya sabes. Nadie comparte hechos
que vale la pena conocer y los utiliza para establecer
conexiones que fueron desconocidas durante mucho
tiempo, y por tanto invisibles para ti y para mí.
Si estas palabras son nuevas y te inspiran, podría ser
el comienzo de tu viaje para desentrañar el verdadero
secreto de tu propia existencia. Cuando empieces
a comprender la dinámica, es cuando empezarás a
recuperar el control de tu propia existencia. Si el viaje
se siente un poco agitado en el camino, sigue leyendo,
y recuerda...

Es una hermosa historia de amor...

CAPÍTULO UNO

SER ALGUIEN

El juego de rol

El juego de la vida. Todo el mundo quiere significar algo en él. Tú quieres significar algo para los demás, o quizás para el mundo entero. Esas son buenas intenciones. Pero para significar algo para los demás, tienes que ser alguien. Ese "alguien" no suele ser quien realmente eres, sino un papel que interpretas que cumple una función para llegar a algún sitio o realizar algo. Un papel que has visto en otros y que también te has enseñado a ti mismo. Si lo interpretas bien, tu papel significará algo para los demás. Desempeñamos muchos papeles sin darnos cuenta. Lo que la mayoría no piensa es que puedes desempeñar papeles que beneficien tu carrera financiera, pero también puedes dedicar tiempo a desempeñar papeles que enriquezcan tu carrera social. En este último caso, los papeles no tienen nada que ver con el dinero o el trabajo, sino que tienen que ver con la amistad o la familia o incluso con la pasión y el amor. Si desempeñas muchos papeles, a veces puede ser difícil hacerlo todo bien. Por ejemplo, como un malabarista que intenta mantener demasiadas bolas en el aire, si pierde el control, parece gracioso y si las bolas se caen, se acaba el espectáculo.

Ahora imagina que desempeñas todos tus papeles a la perfección, que tu espectáculo se desarrolla y que tienes mucho éxito y que todo en tu carrera empresarial funciona. Entonces, en algún momento de tu vida, estás con todo tu dinero y tus posesiones, probablemente en algún lugar al sol, disfrutando de una buena bebida. Entonces, si eres lo suficientemente valiente y aún te atreves a mirar fuera de tu zona de confort, te recordarás que tu riqueza no te proporciona un verdadero placer o felicidad, porque entonces ves que el mundo se está muriendo de hambre, y más claramente nuestra tierra está en sus peores condiciones; nada bueno para los niños de este mundo. Esto es el resultado de tu riqueza y es lo que podríamos llamar la otra cara del éxito. Todo lo que te rodea se basa en el dinero y se compra, no se gana, incluyendo amigos falsos, novias falsas, etc. Te aportan todo, pero no te dan nada. En otras palabras, el dinero no te hace rico, son las experiencias reales las que te hacen rico como ser humano. En una existencia exitosa en la que muchos quieren algo de ti o contigo, por tu riqueza o por lo que eres, es difícil encontrar una experiencia auténtica.

Nuestro protagonista, Nadie, es "alguien" que se da cuenta de que el tiempo es tu mejor amigo y también que el tiempo es nuestro regalo más preciado en esta vida. Y gracias a esta toma de conciencia, Nadie deja de perder el tiempo en cosas que ya no tienen sentido. Aprendiendo a sentir lo que te hace sentir bien, a aceptar la situación tal y como es y entonces actuar desde el amor a ti mismo y vivir tu vida.

Desde una perspectiva podría afirmar que, todo es energía. Todo objeto, visto o no visto, es energía, energía que está expresando sus diferentes maneras a nuestra perspectiva. Utilizando un microscopio, demostraré esta afirmación. Así que, para crear un marco de referencia con el que podamos relacionarnos, hablo de nuestra existencia divina como seres humanos, conviviendo aquí en la tierra como humanidad, llena de caos creado intencionadamente del que formamos parte como víctima o como público en contraposición a nuestro lugar de origen, nuestro mundo "real". Como seres humanos, todos tenemos un cerebro y, por tanto, el poder de crear.

El efecto placebo muestra lo poderoso que es
realmente nuestro cerebro. Nuestro cerebro está
formado por dos esferas. Sencillamente, una parte
creativa a la que se le ocurren ideas y una parte lógica
que puede explicarlas o llevarlas a la práctica. A estas
ideas, a veces abstractas, las llamamos conceptos.

Se puede decir que "humano" también es sólo una
idea, o un concepto, para profundizar en el
significado de esta frase necesito un folleto aparte.
Eso sería demasiado por ahora.

Volvamos a las ideas abstractas que llamamos
conceptos. Nosotros, como humanos, podemos
utilizar estos conceptos para explicar algo. Pero lo
que explicamos no es "realmente" cierto, ya que un
concepto es sólo una idea. Por eso la verdad tiene
diferentes percepciones de la misma verdad.

Por poner un ejemplo, hay un concepto que explica
que nuestra alma ha elegido esta experiencia aquí en
la Tierra. Y que nosotros, las personas que
experimentamos un alma en nuestros cuerpos,
estamos aquí por una razón. Si lo miraslo miras así,

explica las respuestas a las preguntas que se hace la
gente, cuando piensa un poco más profundamente en
sí misma o en la vida. Al fin y al cabo, todos buscamos
la verdad en alguna parte, o al menos "nuestra"
verdad. También se nos ha enseñado a creer o incluso
a adorar a algo o a alguien más grande o elevado que
nosotros mismos. Además de ver a nuestros padres
como líderes, también podemos admirar a un
profesor en la escuela, a un empresario de éxito, a una
estrella del pop, a un gran terapeuta, a un entrenador
o incluso a un líder espiritual... todo es una
distracción. Al creerles, entregas tu poder y dejas de
cuestionarte quién eres y qué has venido a aprender a
la Tierra. Tendrás todo tipo de experiencias a lo largo
de tu vida que puedes ver como lecciones. Tus
creencias, que es en lo que crees ahora, serán
cuestionadas por situaciones de la vida y esto pondrá
a prueba tu visión del mundo.

Si puedes ver tu vida como la he descrito, consciente
o inconscientemente, estás en un camino de
búsqueda de la verdad. Ese proceso se llama tomar
conciencia. La mayoría de la gente no es consciente y
va por la vida viviendo en sociedad sin hacerse
preguntas. Te das cuenta de que las cosas materiales o
las influencias externas no proporcionan la verdadera
felicidad. Todo está en el interior.
El uso de preguntas de autorreflexión puede ayudar
a este proceso a comprender mejor qué es lo que te
aleja de tu felicidad, para luego resolverlo y así ser
cada vez más consciente de quién eres realmente,
cuáles son tus pasiones o incluso cuál es tu propósito,
en esta vida. Eso ha sido profundo.

Ahora haz una pausa para respirar e integrar... Bien
hecho. Volvamos a la historia de Nadie.

CAPÍTULO DOS

DE ALGUIEN A NADIE

¿De dónde vengo?

Permíteme que te cuente cómo ocurrió que alguien se convirtiera en un "Don Nadie" y qué tuvo que hacer Don Nadie para perderlo; es decir, experimentar todo durante un período, como un don nadie, para vivir fuera de la caja (la sociedad), sin acuerdos, citas ni obligaciones. Nadie vivió sólo en el momento, experimentando el libre albedrío o, como dicen algunos, la libre elección... en ese estado del ser no hay un deber, sólo un poder.

Nacidos de la inocencia, ¿qué sabíamos?

Para la mayoría de nosotros, justo después de nacer, desde el momento en que abrimos los ojos, vemos la luz del día. Todos somos pequeños seres perfectos e iguales, formados por un amor incondicional. ¡Un gran milagro! Y entonces comienza nuestro viaje, y creemos que somos visitantes aquí y olvidamos que somos los milagros, y que formamos parte de esta existencia

¿Por qué nacemos aquí?

Hemos nacido aquí para cuidar de esta tierra y sus habitantes, junto con nuestros compañeros. Para cada uno de nosotros, habría tierra y refugio, suficiente comida, agua potable, educación e información gratuitas. Visto desde esta perspectiva, esta tierra es un hermoso lugar donde podemos aprender unos de otros trabajando juntos, construir relaciones basadas en la amistad e incluso experimentar el amor. Todo ello basado en el libre albedrío. Desde una perspectiva espiritual, esta vida también está pensada para resolver problemas, compensar rencillas y, en última instancia, perdonarnos a nosotros mismos y a los demás. Si está pensada así, entonces dónde se ha equivocado, porque la mayoría de la gente realmente tiene que pagar por todo y por todos. Si miro hacia atrás en mi vida y describiera mi proceso me parecería esto:

#sabíasque

Nacimiento

¡Has nacido! Bienvenido a esta existencia, éste es tu mundo.

El modo en que se produjo la concepción, la relación de y con tus padres, la cultura y la situación en la que creces, es diferente para todos. Nuestros padres, que tampoco tienen ni idea de cómo criar a un niño y normalmente no han recibido un ejemplo perfecto de sus padres, intentan hacerlo lo mejor posible. Siguen las reglas que se han impuesto, por ejemplo, la educación obligatoria. Este sistema funciona bien, siempre que se participe. Inmerso en el sistema educativo, no descubrirás lo que realmente ocurre. Así es como empieza todo el mundo, inocente, ignorante y a menudo crédulo.

La juventud, nuestra educación.

Los niños van a la escuela, pasan 8 horas al día en ella, hacen amigos, eligen aficiones o deportes y, cuando han cumplido sus tareas serias, se les deja tiempo libre para jugar fuera, que suelen ser 30 minutos de una jornada de 8 horas. Se entrena a los niños para que vean todo como una competición, como perfeccionar una actuación musical o ser elegidos para estar en el mejor bando de un equipo en los deportes. Así es como la sociedad entrena, forma y dobla lentamente a los seres humanos, para que encajen en una sociedad regimentada, siguiendo líneas, reglas de clase, buscando el permiso de la autoridad, trabajando principalmente con muy poco tiempo de juego y exploración de la naturaleza.

En realidad, los humanos estamos preparados para algo que cada vez está más fuera de nosotros y que nos obligará a tomar decisiones morales que no son humanas.

Estamos condicionados y preparados para la "vida real" que siempre está lista y esperando a que nos incorporemos: la fuerza de trabajo. La falsa competencia de esta 'vida real' es la carga humana y la lucha por el dinero y el poder, en la que nuestra sociedad nos obliga a vivir, quedando atrapados en la rueda de hámster campesina del bajo salario, la alta inflación, los altos impuestos, y dándonos una deuda interminable que pagamos con altos intereses.

Es un ciclo interminable. Debido a la gran desigualdad y desequilibrio de los elitistas globales que dirigen nuestra sociedad y las sociedades de clase baja, a menudo nos resulta difícil sobrevivir financiera y emocionalmente. El gobierno nos enseña que somos la causa de todo esto, pero esa es una de sus mayores mentiras. Lo que sí es cierto es que seguimos participando en ello cada día, obligando a que la competencia continúe. Lo mires como lo mires, el sistema de esta sociedad siempre nos aleja un paso más de nuestra verdadera naturaleza, de vivir una vida plena y saludable y de ser la mejor versión de nuestro yo.

Como puedes ver, esta historia ya no se ajusta a
nuestro concepto original de por qué estamos todos
aquí.

Desde una edad temprana, lo que se nos enseña en
la escuela está determinado por las autoridades que
gestionan los intereses financieros entre bastidores.

Se nos obliga a ir a la escuela sin saber que todos
nuestros libros de texto están cuidadosamente
diseñados para prepararnos para el sistema de la
sociedad del que finalmente formaremos parte. Esta
sociedad está completamente basada en acuerdos
que imponen la noción de que "el tiempo es dinero".
Cuando en realidad, el tiempo es nuestra energía más
valiosa. Esto significa que estamos aprisionados por
contratos, en su mayoría forzados, a cambio de
nuestro tiempo, que agotan y consumen nuestra
preciosa energía. Con toda nuestra energía
consumida, nos queda poca energía y tiempo para
preguntarnos, imaginar y utilizar nuestra creatividad
en la creación de una vida mejor y más verdadera
para la sociedad; simplemente nos quedamos

atrapados en el sistema, tal y como ellos
pretenden. Cuando trabajamos, gastamos nuestro
dinero en cosas que necesitamos, que son creadas por
las grandes corporaciones, que aumentan la inflación
anualmente, sin aumentar nuestros salarios, lo que
nos mantiene en las franjas de ingresos bajos y medios de la población. Estas grandes corporaciones están
respaldadas por los globalistas mundiales. También
se nos obliga a pagar una parte sustancial de
nuestros ingresos en impuestos al gobierno, lo que
nos quita más dinero. No estamos realmente
atrapados, pero sí tan limitados que ya no podemos
elegir lo que realmente queremos o podríamos
hacer con nuestro tiempo porque necesitamos ganar
dinero para pagar los contratos. Y cuanto más nos
adentramos en esta sociedad, la mayoría de nosotros
no tenemos tiempo para descubrir lo que realmente
queremos hacer en nuestra vida o imaginar una vida
diferente. Imagina pasar el día explorando,
aprendiendo, creando y divirtiéndote con tu tiempo,
encontrando la forma de vivir una vida de tus sueños
y hacer una carrera con ella. Cuando estamos
atrapados en la rueda de hámster del ciclo de trabajo
de 9 a 5, somos inconscientes y tenemos un miedo
constante a perderlo todo: nuestro refugio, nuestra
cama y nuestra comida. Esto afecta a nuestras
emociones de vergüenza y culpabilidad, quizá más
que el miedo real a perderlo todo. Pero en este mundo
donde el dinero habla, existe para todos los que
poseen algo. Este miedo también mantiene a la
sociedad en la tensión entre el dinero y el poder.
Combinado con la programación condicionada desde
la edad temprana, la mayoría de la gente a menudo
no es consciente, es inconsciente o simplemente
no tiene ni idea y obedece y sigue a la autoridad, a
los profesores, a los policías, a los presidentes y a su

gobierno. Todo el tiempo, el gobierno ha estado en el fondo, poniendo esta rueda en movimiento, haciendo que parezca que se preocupan por la sociedad, cuando en realidad, todos estamos esclavizados a ellos: para trabajar, comprar sus productos, pagar sus impuestos, haciéndoles más poderosos y ricos. Todos somos víctimas de la coacción y la corrupción del gobierno, hasta que un día nos volvemos conscientes, despiertos y atentos y tratamos de desprendernos de esta sociedad, o en el mejor de los casos, encontramos resoluciones para mejorarla. Pero, independientemente de cómo hayamos llegado a esta situación, todo el mundo acaba encontrando una forma de satisfacer sus necesidades vitales y de mantenimiento, o incluso de "ganar" dinero. Llamamos a esto trabajo, a nuestra forma de emplear nuestro tiempo para ganar dinero que pague las facturas. A cambio de tu trabajo en tu tiempo, te pagan dinero, que, luego tienes que entregar una cantidad bruta al gobierno, en su forma de productos, vivienda, gas, seguros, licores, médicos, impuestos, etc., que sólo servirá a este sistema si sigues haciéndolo. Todo ello a expensas del tiempo que te ha sido dado por Dios y que te pertenece, pero lo regalas a cambio de... bueno, ¿de qué? Aquí es donde puedes empezar a encajar las piezas y darte cuenta de que has sido condicionado para ir a la escuela, obedecer a la autoridad, ir a la universidad, conseguir un trabajo, ser un consumidor y pagar impuestos. Todo esto es un control mental diseñado por el gobierno para condicionar a toda la sociedad a permanecer dentro de la matriz de la sociedad.

A todos se nos enseñó una manera en la escuela y se nos recompensó y calificó por las respuestas

correctas, no por pensar fuera de la caja. Para apoyar el concepto del control mental del gobierno, los medios de comunicación impresos y de noticias, las redes sociales, la televisión y el cine también alimentan este sistema de control con la programación subconsciente de nuestra mente mediante mensajes subliminales directos o indirectos.
Los presentadores de las noticias y los periódicos manipulan y
proporcionan guiones de lo que deben informar al público, que están todos basados en mentiras e inculcan el miedo para mantenernos en el ciclo y la baja vibración.

Para explicarlo un poco más para los profanos entre nosotros, el periódico da espacio a la gente para que exprese su opinión sobre los temas del periódico. Los artículos elegidos por el periódico son lo que ocurre en el mundo. A través de las estructuras de poder, los jefes o propietarios dan a los creadores del periódico la dirección correcta sobre lo que, según su agenda, está ocurriendo en el mundo. También la dirección sobre qué y cómo se escribe en los artículos, porque los periodistas y reporteros que presentan sus historias son pagados por el periódico, así que el periódico elige qué historias leemos. Lo que la mayoría de la gente percibe y cree que está Sucediendoe entre la población en el mundo es desproporcionado, puesto en lo que quieren que sepamos, leamos, oigamos, veamos, pensemos y sintamos y luego nos lo presentan a través, por ejemplo, del periódico. La información que nos proporcionan está destinada a mantenernos en baja vibración, en un estado de miedo y esclavizados en la matriz.

Como, un hermano mayor del periódico está la televisión. Este aparato emite literalmente programas en el canal de su elección. El espectador no se da cuenta de que el programa que está viendo también tiene otra función. Es decir, el aparato de televisión, programa al espectador y dirige el argumento predeterminado sobre lo que ocurre en el mundo directamente a tu subconsciente. Esto formará poco a poco tu opinión.

Hoy en día, el Internet con el ordenador y nuestro teléfono móvil nos ha traído más libertad de información, pero aun así, censuran continuamente nuestra información. También hacen lo mismo con la televisión en lo que respecta a la programación inconsciente. Gran parte de lo que comparto aquí es información retenida, por lo que no es libre y fácilmente disponible, de lo contrario todos lo habríamos sabido ya, y ya no lo aceptaríamos.

Por tanto, desde una edad temprana, ya estamos programados inconscientemente y sin permiso por todo lo que nos llega a través de los medios de comunicación, los teléfonos y los ordenadores. La mayor parte de la información no contribuye a nuestro bienestar. Los expertos están de acuerdo en ello.

El control mental es el concepto por el cual los pensamientos y acciones de una persona pueden ser controlados por una fuerza externa. Un buen ejemplo es un anuncio de televisión. Después de ver un anuncio de Cocla-cola, alguien puede creer que quita la sed y, debido a los bellos actores, puede pensar que es bueno para el cuerpo, comprarlo y consumirlo sin duda.

#Sabíasque

La pubertad, probarlo todo

Durante este periodo, te familiarizarás con las cosas que se te presentan y que determinarán tu vida futura. Vas a descubrir lo que te gusta y lo que no te gusta, lo que es bueno o peligroso para ti; se pondrán a prueba tus bases morales de lo bueno y lo malo, pero luego depende de ti cómo te enfrentes a esto.

Aquí también tomarás decisiones sobre el curso posterior de tu vida... qué estudio, qué amigos, te presentan, el alcohol o las drogas y la sexualidad. En general, una época turbulenta.

Al crecer, el papel que desempeñas tiene que ser más serio

Estás preparado. En este momento, la mayoría ha encontrado un trabajo o ha puesto en marcha su propio negocio para mantener su vida. De este modo, encajas en la sociedad y en este sistema. En este papel, siempre sirves a tu jefe porque para eso te contrataron. Así es como se concibió y participas. Como empresario tienes diferentes opciones pero es el mismo concepto, hay poca libertad para liberarse, porque no hay más tiempo libre real ya que tu mente está ocupada con todo este trabajo.

Pero sea cual sea la carrera que elijas, o lo bien que funcione tu negocio, al final descubres que las cosas materiales no dan la felicidad, y que el dinero no te hace realmente rico. Todo es temporal, así que vuelves a lo que haces sin pensar realmente en lo que haces. Y lo que es más importante, ¿para qué o para quién?

CAPÍTULO TRES

NADIE ESTÁ EN CARGO

¿Qué hacemos aquí?

Supongamos que descubres una nueva tierra y una nueva tribu de personas en algún lugar. Desde el primer encuentro te temen y creen todo lo que les dices. Empezaron a trabajar y a construir, cualquier cosa que les pidieras. Si alguien se destacaba, lo tomabas en tu equipo y lo hacías líder de un proyecto, o lo asustabas tanto que desaparecía.
Supongamos que esto se prolongara durante cientos de años, ¿qué sería de esa tribu? Ahora bien, si llevamos este ejemplo a la sociedad en la que vivimos, una sociedad en la que, a través de toda la corrupción, el bien es gobernado por el mal. Supongamos que somos la progenie de esa nueva tribu que se descubrió entonces; entonces "nosotros" somos las personas que vivimos aquí, hacemos todo lo posible por llevar una vida sana y tratamos de sacar lo mejor de ella.

Por otro lado, visto a través de los ojos de los gobernantes, nuestro mundo para ellos es sólo un gran laboratorio, en el que los humanos son sólo parte de su experimento. Los gobiernos controlados y los proyectos secretos nos están envenenando a todos los niveles.

Si seguimos obedeciendo en ese experimento, como sus esclavos, nuestro comportamiento tendrá un triste resultado para toda la humanidad y para la Madre Tierra. Esto nos incluye a ti y a mí, así como a los que tienen el control y a sus seguidores que ejecutan las órdenes.

¿Quiénes son y cuál es su papel? Aquí es donde te pido que amplíes tu mente. Ellos" operan desde un mundo de sombras y se llaman Arcontes. Están ocultos en otra dimensión. Desde allí, utilizando nuestra tecnología, como los ordenadores, prueban nuestros cerebros, sólo para experimentar hasta dónde pueden llegar con el programa de control mental basado en el trauma. Utilizan este programa para impulsar agendas basadas en el miedo a través de las redes de propaganda, para hacernos participar en su ritual. Ese ritual consiste en que sigamos haciendo lo que nos dicen sin pensar por nosotros mismos, de modo que poco a poco vamos bajando juntos, manteniéndonos en baja vibración. Cuanto más baja sea la vibración en la que nos mantienen, más difícil será para nosotros ver la verdad de lo que está pasando. Suena duro, pero esa es la realidad. La salida es despertar y ver lo que ocurre; entonces puedes empezar a tomar otras decisiones. La excusa de "no estoy preparado" o "soy demasiado viejo para estas tonterías" es precisamente el plan de los gobernantes de la élite. Mientras no creamos que lo que digo aquí es cierto, su sociedad matricial seguirá como ellos pretenden.

El cantante, músico y compositor jamaicano Bob Marley cantó hace tiempo en la canción "I Shot the Sheriff": "Cada día el cubo va al pozo, un día el cubo está lleno, y el fondo se caerá". Ahí es donde estamos todos estamos. Nuestros límites siempre se ponen a prueba, a su debido tiempo, en un momento será suficiente. Cuando este momento llegue para toda la humanidad, creará una especie de liberación que podría parecerse a la locura.
La locura es la luz que rompe las estructuras de las creencias para que los programas de control empiecen a desmoronarse y veas realmente lo que ocurre a tu alrededor.

El satanismo y la caída del hombre

En cuanto al satanismo, que es el periodo de tiempo en el que nos encontramos.
El satanismo, la religión más antigua y oculta del mundo, abarca todos los niveles de la sociedad, desde las religiones culturales supersticiosas de magia negra hasta los rituales de sacrificio de niños. Las logias masónicas son una tapadera de esta religión. No sé si los practicantes de los distintos niveles se dan cuenta de lo que están sacrificando y de que se están destruyendo a sí mismos, así como su energía, sosteniendo un sistema que está diseñado para destruir a la humanidad. Mira a los iniciadores y descubre que la nueva era y la masonería no son más que nombres encubridores del satanismo.

#Sabíasque

CAPÍTULO CUARTO

NADIE EXPLICA SUS MENTIRAS

¿Cómo nos manipulan?

Algunas personas utilizan la expresión "todo es mentira". Estoy de acuerdo, si simplemente miramos a nuestro gobierno que nunca asume responsabilidades, nuestro sistema judicial corrupto, todas las noticias negativas y la violencia en la narrativa de los medios de comunicación. En resumen, nos dan un núcleo de verdad inflado con mentiras. Así pues, echemos un vistazo a lo que esto significa realmente, y cómo afecta a nuestras vidas y, por tanto, a las tuyas. Así que, para empezar por el principio, ¿qué es una mentira?

Una mentira es una afirmación que se cree falsa y que se utiliza habitualmente para engañar a alguien. Esto se ve desde quien difunde la mentira. Visto desde el punto de vista del que la difunde, cree que lo que se afirma es cierto y, por tanto, se le engaña.
La estructura de una mentira puede dividirse en dos tipos distintos: Una mentira puede ser una descrip-ción falsa, una historia totalmente
inventada.

O una mentira puede ser una negación falsa. Es decir, negar que las cosas hayan sucedido o se hayan dicho.

Causa: ¿por qué miente la gente?

La razón más común por la que la gente utiliza la mentira es la necesidad urgente de ocultar la verdad. Esto crea una división entre las personas que la creen y las que no, con todas sus consecuencias. Y eso es exactamente para lo que sirve la mentira... para causar confusión.

Efecto: ¿qué ocurre si nos mienten?

La mentira nos hace dudar de nuestra autoestima y nos crea un sentimiento de culpa y malestar. Cuestionamos una mentira con: "¿Por qué querrían hacernos daño mintiendo?; si se preocuparan por mí, no me mentirían". Como seres humanos creemos en el concepto de que las personas son buenas, por lo tanto, si el gobierno está en su lugar para nosotros, debe estar ahí para hacer el bien a las personas, cuando es todo lo contrario. La gran mayoría de la gente cree en este concepto, por lo tanto, seguimos escuchando, confiando y obedeciendo; lo que nos obliga a permanecer dentro de la matriz. Esto también puede llevar a las personas a la frustración, la ansiedad, la paranoia, la tristeza e incluso la depresión clínica. Éste es quizá el peor efecto de la mentira, ya que dificulta enormemente nuestra imagen de sí mismo y distorsiona la forma en que nos vemos y nos tratamos.

Si al final perdemos la fe en nosotros mismos, las posibilidades de seguir utilizando la mentira como mecanismo de defensa aumentan aún más. La mentira también puede hacer que infravalorar o sobrevalorar a otras personas y sus capacidades.

¿Por qué el gobierno no nos dice la verdad honestamente? La razón es que es más fácil controlarnos si no conocemos la verdad. Por el contrario, si supiéramos la verdad de su agenda, nos pondríamos de pie y dejaríamos de aceptarla. Para ir un paso más allá, ¿cómo sirve una mentira a la autoridad?

Si una pregunta de la verdad queda sin respuesta, tiene el mismo efecto que una mentira.

Un ejemplo de una pregunta importante sin
respuesta,
¿Quién controla la sociedad de esta tierra y sus
gobiernos? Ninguno de nosotros puede responder a
esta pregunta porque "ellos" no quieren que sepamos
quién controla nuestra sociedad. Sin esta respuesta
es difícil asumir la responsabilidad de tu propia vida,
ya que no hay fe porque no sabes realmente en quién
confiar.

Profundizar en los efectos de una mentira:

Para que te hagas una idea de lo fuerte que puede ser
la mentira cuando se concibe y comparte
conscientemente, he aquí un ejemplo: Poco a poco
nos van convenciendo de que el cambio climático
está destruyendo la Tierra y que es culpa nuestra.
Como solución a la crisis climática, nuestro gobierno
está poniendo contratos, en lugar de resolver el
problema con soluciones reales. ¿Cuál sería su
verdadera agenda?

Estoy de acuerdo en que debemos cuidar nuestro
planeta como colectivo, pero los medios por los que
se está destruyendo nuestro planeta están en manos
de las mismas élites globales que nos están llevando a
la crisis climática y luego nos hacen creer que somos
la causa de ella. No tenemos más remedio que votar
a un partido político para que actúe. Para hacer algo
al respecto, debemos posicionarnos con el derecho
a votar a un partido que represente nuestra voz para
ayudar como país y sociedad a proteger la tierra,
salvarnos y dejar algo más hermoso para las
generaciones futuras. Por tanto, nuestro voto no se
utiliza en absoluto para nuestro bienestar. Nos da la
ilusión de que votando a un político tenemos voz. Se

vota a los políticos para que lleguen al poder, pero tienen muy poco poder, porque son gobernados por las élites y se les indica lo que deben hacer. Ahora bien, ¿cuál es el poder secreto de las mentiras que nos gobiernan? Que todo es una ilusión y toda la historia es una mentira. Porque no hay democracia en vista de las mentiras y errores públicos. Por ejemplo, los políticos muchas veces se quedan sin consecuencias, mientras que nuestras elecciones tienen consecuencias, y nosotros tenemos que rendir cuentas. Los planes de la agenda de nuestro gobierno ya están en marcha, los negocios están resueltos desde hace tiempo, mientras siguen llevando a cabo su agenda. Esto es fácil de investigar por ti mismo, como prueba fáctica de lo que estoy hablando. ¿Cuál es nuestro papel? Mientras tanto, estamos tan atrapados en la mentira, que la defendemos porque es lo único que nos han enseñado a creer. Nos ocupamos de proclamar nuestra opinión como la verdad frente a nuestros amigos, conocidos o en algún lugar de internet y, cuando es necesario, incluso la defendemos. De este modo, cooperamos inconscientemente para mantener toda esta historia, que no es cierta en realidad.

Un efecto más profundo, si eliges creer una mentira (para tu conveniencia), te abres a la oscuridad de este mundo e invitas a la ceguera del mal a apoderarse de tu vida; hasta el punto de que ya no puedes ver la verdad y te dejas llevar por la multitud.

¿Cuándo se acabará? Mientras creas la mentira, ésta afectará a tu vida. Energéticamente también regalas tu poder, porque tu energía está en una baja vibración, y con ello, te conviertes energéticamente en un almuerzo para las entidades de la sombra que nos controlan. Pueden entrar en tu sistema a través de tu mente si estás abierto a sus mentiras.

Explicado de forma sencilla, esto se hace a través de un campo energético, llamado Wetiko, cual entre otras cosas, manipula nuestras emociones a través de otras

personas y así se apodera de nuestro poder. Una vez que cedemos nuestro poder, utiliza nuestro poder contra nosotros, proyectándolo de nuevo sobre nosotros en su vibración inferior. Eso hace que nos mantengamos en una vibración baja, y ellos se mantienen a sí mismos y a su existencia intacta. En resumen, vivimos en un mundo ilusorio y somos alimento para las entidades de la sombra. Pero no te preocupes, no es nada nuevo lo que te estoy contando, pero es una noticia que debes conocer ahora mismo para protegerte contra ella o afrontarla mejor; no para cambiar el mundo, sino para hacer tu mundo un poco mejor. Así que, sigamos adelante... si todo es mentira, *¿qué contratos tenemos como humanos?*

CAPÍTULO CINCO

NADIE ESTÁ LIBRE DE CONTRATOS

¿Cómo nos controlan?

Cuando dejas todas tus posesiones mundanas, eres libre; esto se llama Moksha, fácil de decir, pero no tan fácil de hacer, porque vivimos en un mundo basado en contratos y acuerdos. Se puede decir que un contrato es una forma oficial de un acuerdo. Los contratos que has firmado son un compromiso u obligación hacia alguien. Esto significa que una persona o empresa es dueña de una parte de tu tiempo o de tu energía, tu energía es lo que traes a este mundo. No es fácil para ti tomar tus propias decisiones con todos los contratos a los que ya te has comprometido. Pero hay una solución para todo. Para entenderlo un poco mejor, echemos primero un vistazo a lo que es realmente un contrato.

AUn contrato es un acuerdo legalmente exigible que crea, define y regula los derechos y obligaciones mutuas entre las partes.

Elementos clave para un contrato válido:

1. Oferta
2. Aceptación

Aceptación básica:

Tu aceptación debe reflejar la oferta; esto significa

1. Para que sea válida y constituya un contrato vinculante, la aceptación debe corresponder exactamente a la oferta.
2. La aceptación debe ser comunicada al proveedor.

¿Cómo funciona nuestro gobierno? Se les ocurren todo tipo de propuestas que se aplican como leyes y reglamentos, precedidas de un argumento en los medios de comunicación que lo apoya. Entonces estas leyes… contratos para nosotros, son lo que tenemos que cumplir sin elegirlo realmente. No somos conscientes de estos contratos porque están entrelazados en las leyes que hacen, obligándonos a cumplirlas.

Se publican mensajes a través de los medios de comunicación para darnos la idea de que las leyes protegen nuestra seguridad, para que creamos que las necesitamos y no nos rebelemos contra las medidas draconianas a las que nos enfrentamos regularmente. Luego lo mezclan todo y traen las ofertas de contrato por ley, obligan a sus mandatos gubernamentales, obligan a los medios de comunicación y al marketing a realizar propaganda que apoye sus narrativas, y no tenemos otra posibilidad que cumplirlas, o infringimos la ley y nos enfrentamos a multas e incluso a la cárcel.

La noción más importante que intentan implicar e imponernos es nuestro consentimiento informado. Suponen que porque no respondemos, damos nuestro preciado permiso. ¿Qué es el consentimiento o la aceptación?

El consentimiento se produce cuando una persona acepta voluntariamente la propuesta o los deseos de otra.

El consentimiento informado es un principio de la ética médica y del derecho médico según el cual el paciente debe tener suficiente información antes de tomar sus propias decisiones libres sobre su atención médica. La falta de información claramente explicada sobre los ingredientes del medicamento en los programas de vacunación es un buen ejemplo de ello.

Un ejemplo de verdad invertida; en un mundo natural orgánico, deberíamos tener un consentimiento informado para todo lo que consumimos; sin letra pequeña ni números E, sólo etiquetas claras con ingredientes orgánicos naturales. En un mundo ideal, los productos químicamente tóxicos no se ofrecerían en ningún mercado. Puedes cambiar esto por ti mismo. Puedes preguntar a un agricultor local qué vende.

También hay muchas tiendas ecológicas o bio en las que puedes comprar productos sólo con ingredientes ecológicos, que son más saludables para tu cuerpo. Los ingredientes ecológicos suelen ser un poco más caros, pero si eres un poco creativo, descubrirás que puedes encontrar casi todos los productos en la naturaleza o cultivarlos tú mismo en un pequeño jardín. Además, es divertido hacerlo.

De todos modos, supongamos que esto es un gran experimento, siguen necesitando nuestro pleno consentimiento con cualquier cosa que nos propongan antes de que decidamos contratar. Sin permiso, me perjudican a mí y a todos los seres humanos en todos los niveles.

Perjudicar a un ser humano es violar la Ley Natural. Para establecer este delito, se empieza con una declaración de responsabilidad, es decir, haciendo que la otra persona sea consciente de su comportamiento haciéndole responsable oficialmente en una carta. Este es un principio jurídico normal para indicar que no estás de acuerdo con algo. No parece complicado, pero la realidad es diferente.

#Sabíasque

Como colaboradores de la agenda secreta, trabajando a ambos lados del velo, público y oculto, infiltrándose en todos los niveles de nuestra sociedad, éste es el mundo en el que vivimos. Los Arcontes, de los que hablaré en el próximo capítulo, gobernaron nuestras mentes durante mucho tiempo. Este tiempo ha llegado a su fin. ¿Por qué? Porque se conoce la verdad sobre las sociedades secretas. Como resultado, sus mentiras ya no pueden controlarnos como humanidad en su totalidad. Por lo tanto, su tiempo de control total ha terminado y lenta pero seguramente, tienen que irse o pueden extinguirse. A medida que se acerca el cambio, tenemos que lidiar con lo que nos han dejado o, tras años de destrucción de la Madre Tierra, con lo que queda de ella. Ha llegado el momento en que nosotros, como humanidad, nos apoyemos en nuestra verdad interior, en nuestro propósito divino y pasemos a la acción. Esto dará la vuelta a la tortilla, no importa en qué parte del mundo vivas. Como gran colectivo, este acontecimiento inevitable curará a nuestro mundo traumatizado de esta falsa realidad y devolverá el equilibrio a la naturaleza.

Cuando despertamos y tomamos conciencia, podemos ver claramente que los grupos de presión y los asesores dirigen los gobiernos entre bastidores, fuera de la vista del público, o en las sombras, como ellos lo llaman. Nuestro problema es que nuestro gobierno tiene control total sobre nuestras vidas. Para investigar un poco más, echemos un vistazo a lo que son realmente las "sombras" y a cómo tratar con ellas.

#lógicadenadie

CAPÍTULO SEIS

NADIE EXPLICA

SOMBRAS

¿Quiénes son?

Querido lector, en este capítulo hablaré de cómo
funciona nuestro mundo de las sombras, que
normalmente no podemos percibir. Este concepto
puede parecer abrumador y puede ser un paso
demasiado lejos para algunos. Si te parece que este
es el caso, puedes simplemente saltarte este capítulo.
Sin embargo, si sigues leyendo, puede que te resulte
muy interesante.

#Sabíasque

Vamos a hablar de los Arcontes que operan y utilizan el campo Wetiko para controlar nuestra mente y nuestras emociones. El fenómeno del campo Wetiko funciona en contra de nuestra respuesta natural. Así, cuando estamos abiertos a nuestras emociones de miedo, vergüenza, culpa, odio, arrepentimiento y dolor, las alimentamos "voluntariamente". El miedo es su energía más común y preferida; la energía sexual es su segunda favorita.

La entidad poseedora de Arcontes puede entonces drenar la energía directamente del plexo solar de un humano en este estado.

La infección de una entidad Arconte de este tipo comienza con la disminución de su vibración. Esto se consigue mediante ganchos adictivos, como las drogas, el alcohol, el porno y los productos farmacéuticos, por nombrar algunos. Si te relacionas con personas de bajo carácter, angustiadas o propensas a la ira/depresión, corres un alto riesgo de desarrollar vínculos negativos con las entidades. La adicción es muy susceptible, pero no sólo al alcohol o las drogas. Otras formas de adicción pueden ser, entre otras: la masturbación, las relaciones sexuales vacías, la pornografía, abusar de tu pareja, juzgar constantemente a los demás, cotillear, desear resultados negativos, la comida, los pensamientos de violencia, las cosas materiales, el amor al dinero y al poder, adorar a los famosos, a las estrellas del pop o del deporte, el juego e incluso que las redes sociales afecten a tu bienestar.

¿Quién les ayuda?

En este mundo en el que nosotros, "energéticamente", somos la moneda, utilizan el dinero para controlar nuestro tiempo y controlan personalmente nuestras mentes, como se ha explicado anteriormente. Así es como nos dirigen y así es como creamos esta memoria colectiva y por tanto se puede afirmar que la creamos nosotros mismos. Ahora discutiremos la cuestión:
"¿Qué pasa con nuestro libre albedrío?

Los que están en el poder en la tierra sirven a su agenda. Algunos dirían que estos controladores ávidos de poder son Reptiles/Greys. Este es el papel que deben desempeñar. Están completamente poseídos y ya no tienen libre albedrío. Solo viven una agenda arconica y nos meten en una prision energetica para convertirnos en comida. Llevamos miles de años bajo su influencia y su propiedad. El satanismo mantiene este secreto oculto y sirve al Demiurgo, el mismo líder que el de los Arcontes. Puedes ver el satanismo como una fe para ellos, en la que se unen este mundo y el mundo en el que tenemos que vivir. La elección del libre albedrío se olvida o se ignora a menudo, mientras que ésta es precisamente nuestra fuerza. Si mucha gente dice que no, algo cambiará..

Básicamente, controlan nuestra creación, que es nuestra vida, y operan desde las sombras. Esto parece una ilusión, un sistema creado y tirado sobre nuestros ojos, y que nos hizo pagar por todo. También inventaron leyes y mentiras para hacernos representar papeles y ajustarnos a las elecciones que querían que hiciéramos. No es tan complicado para ellos, ya que entienden nuestro ego mejor que nosotros. Veamos cómo podemos enfrentarnos a este enemigo oculto de la humanidad y comprender cómo actúan y operan estas sombras para que puedas reconocerlas en tu propia vida.

CAPÍTULO SIETE

NADIE MANIPULA

MANIPULADORES

¿Cómo funcionan?

Con o sin nuestro conocimiento, somos los controladores o supervisores, o somos controlados y supervisados. En nuestro último capítulo, hablé de las sombras y de cómo nos controlan. Ahora vamos a explicar esto en nuestro mundo humano. El intermediario que se encarga de que las tareas se realicen correctamente es un controlador.
¿Qué significa eso en realidad?

Manejador - Una persona o cosa que actúa.

- Una rutina que controla la comunicación o el control de una unidad externa.

(literalmente) Alguien que maneja algo (especialmente de forma manual) o a alguien.

(en combinación) Un controlador, entrenador, alguien que guía a una persona en particular.

Por ejemplo, una persona empleada por una compañía discográfica para asesorar a un famoso sobre lo que debe decir o hacer, por ejemplo, al modelar su imagen pública, es un manipulador público. La cantante, compositora, bailarina y actriz estadounidense Britney Spears tuvo muchos problemas con su manipulador.

Ahora echemos un vistazo más de cerca a nuestro propio mundo, con las personas, los amigos y la familia de los que estamos rodeados.
Las relaciones malsanas existen a todos los niveles, desde una relación familiar perturbada, hasta una lucha de poder con tu jefe, un policía demasiado celoso en la calle, o simplemente ese vecino horrible que siempre tiene que decir algo para

arruinar el ambiente. A menudo se trata de un comportamiento narcisista, basado en un trauma (infantil).

Así, cuando esto se hace intencionadamente, en su propio beneficio, por parte de personas con personalidad narcisista, las víctimas son sometidas a una tortura psicológica cada vez y a menudo tienen que lidiar también con el llamado Síndrome de Estocolmo. El Síndrome de Estocolmo, que crea simpatía por el agresor, le provoca un sentimiento de culpa que le impide pensar y actuar con claridad. Por ejemplo, el juego de poder está entretejido en la sociedad, y por ello somos dirigidos y guiados por varias personas cada día.

Si la víctima no sale nunca de este papel, siempre será controlada o tratada por el hacedor, que no es realmente un perpetrador, sino que en realidad también es una víctima: la clásica relación empática/narcisista.

Debemos tener en cuenta que el narcisista padece un trastorno narcisista de la personalidad -uno de los varios tipos de trastornos de la personalidad-, que es una condición mental en la que las personas tienen un sentido inflado de su propia importancia, una profunda necesidad de atención y admiración excesivas, relaciones problemáticas y falta de empatía hacia los demás. El desarrollo de los rasgos narcisistas es, en muchos casos, consecuencia de la negligencia o la valoración excesiva.

A nivel personal, todos tenemos responsables que nos aconsejan o guían. También lo hacemos nosotros mismos con los demás, por ejemplo cuando nos piden nuestro consejo o punto de vista.

Visto desde las buenas intenciones, es para compartir conocimientos para ayudar a alguien más, o para crecer en la vida. Con malas intenciones, puede utilizarse para ocultar el resultado de errores pasados o para servir a una agenda secreta en un plan mayor. Todo parece alejado de nuestras creencias, pero como ocurre a través de pensamientos guía o energéticamente, tenemos que lidiar con ello consciente o inconscientemente a diario. La negación no hace que desaparezca.

El conocimiento es poder en esto.

En el panorama general, los Arcontes son responsables y nos mantienen, como sociedad inconscientemente hipnotizada, en una baja vibración alimentando la propaganda del miedo. Esto nos mantiene haciendo lo que ellos quieren que hagamos, y lo he explicado antes en el capítulo que habla de las mentiras. En cuanto vemos esto, comienza un cambio en nosotros mismos. Cuando lleguemos colectivamente al punto en el que dejemos de regalar nuestro poder creyendo que la sociedad matricial es toda una verdad, todo su espectáculo habrá terminado.

Así es como funciona, amigos, para los maestros espirituales y los sanadores que no han empezado a curarse a sí mismos, como cualquier maestro debería decirle al estudiante después de la iniciación. Entonces están en esa mentalidad pasiva y neutral de no querer enfrentarse a la realidad porque tienen miedo de enfrentarse a sí mismos. Si no eres dueño de ti mismo, vendrá otra cosa en tu nombre que se adueñará de ti y te utilizará en tu contra. Y ni siquiera lo sabrás porque te estás negando a ti mismo.

#Sabíasque

CAPÍTULO OCHO

NADIE DIVIDE

REALIDAD

La vida es una cuestión de intención

En nuestro mundo, hago una distinción y utilizo las palabras: satánico y divino. Como dos caras diferentes de una misma moneda. Esto puede ayudarte a ver que todo el mundo aquí, incluido tú, tiene una elección a partir de tu intención y, por tanto, puede elegir en qué realidad quiere vivir o a qué creación quiere dar su energía.

Usa tu Intuición

Es importante que empieces a cuestionar todo lo que te rodea, lo que te enseñan, lo que cuentan las noticias en la televisión y en las redes sociales. Cuestiona todas las publicaciones de las redes sociales, incluso las de Time, Forbes, CDC, la OMS, si todas coinciden con la misma narrativa que las noticias, puedes apostar que están siendo alimentadas por los poderes fácticos para mantenerte atado a las mentiras, a la ilusión. Piensa críticamente por ti mismo. Utiliza tu intuición para guiarte. Tu intuición vendrá a ti de formas sutiles o no tan sutiles. Tu intuición puede decirte que (i) algo no te parece bien; (ii) tendrás una sensación visceral; (iii) lo sentirás en tus huesos; (iv) tendrás la sensación de que algo está mal; (v) tendrás escalofríos. Se trata de tu intuición, que es tu yo superior, guiándote, alertándote para que prestes atención, hagas preguntas y profundices para encontrar la verdad.

<u>satànico</u>	<u>divina</u>
yo soy	yo soy
ei odio es la base	el amor es la base
mentiras	la verdad
mente-control-ego	la energía del corazón (más allá del ego)
utilizan la manipulación para elcontrol	aquí para celebrar la vida
Odiar a los "inútiles"	amar las relaciones humanas
utilizar símbolos de baja vibración	utiliza símbolos alta vibración
rituales para conectar con la muerte	rituales para celebrar la vida
nada es sagrado	todo es sagrado
están aquí para servirse a sí mismos	aquí para servir a los demás
haz lo que quieras	que se haga tu voluntad

CAPÍTULO NUEVE

NADIE JUEGA SEGÚN LAS REGLAS

¿Cómo tratar con ellos?

Todo es energía. La comunicación es dar, recibir y compartir información. Es importante conocer el "arte de la conversación" cuando conectamos con los demás durante una conversación. La información que se comparte en la comunicación puede distribuirse de tres formas diferentes:

(i) el 7% consiste en palabras habladas, (ii) el 55% de la información llega a través del lenguaje corporal, y (iii) el 38% a través del tono de tu voz.

La comunicación explicada como energía

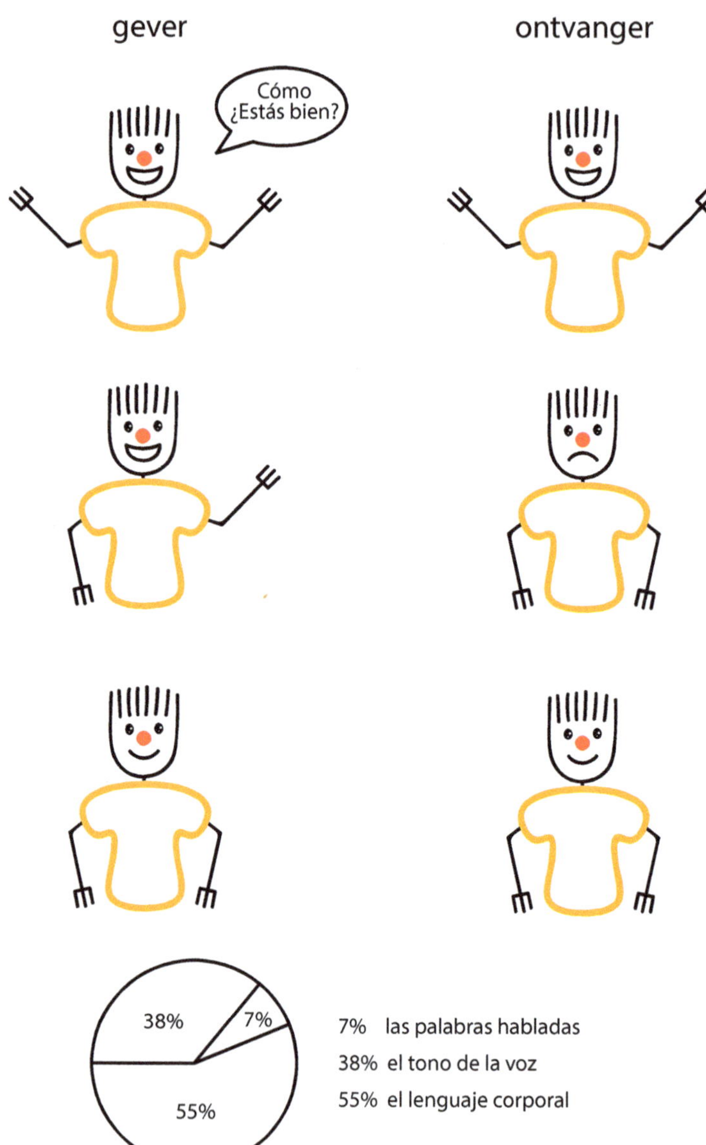

La conversación es la comunicación entre personas.

Una conversación comienza con una pregunta, seguida de una respuesta. Después de que se haya respondido a la pregunta en una conversación de igual a igual, la otra parte puede hacer una pregunta; una vez respondida ésta, volverá a empezar. Si uno rompe con esto y hace más preguntas o responde a tu pregunta con otra, hay una razón para ello. Profundizando en el tema en ese momento o en otro mejor, descubrirás si esa persona está más interesada en tu energía o realmente en ti como amigo. Como verdadero amigo, la conversación debe continuar.

#Sabíasque

Por tanto, es prudente aprender a lidiar con esto, de modo que, por ejemplo, no lleves contigo los pensamientos (negativos) de los demás después de una conversación.

Por otra parte, una conversación es un instrumento perfecto para lograr la igualdad energética entre todos los participantes. Conocer las reglas y utilizarlas cómo etiqueta en la conversación es un signo de autoridad.

A nadie le gusta seguir las reglas y hacer preguntas que confirmen lo que el otro ha dicho. Una vez confirmada la pregunta, hay un terreno o conexión justa, y a partir de ahí la conversación va en una dirección determinada. Simplemente hacer una pregunta sobre la verdad que se ha proclamado, para ver si lo que se ha dicho es cierto, cambia toda la dinámica, y entonces puedes saber cuál es la verdadera intención de la otra persona.

¡Quien lo pide, es como Rey!
Entonces, al menos, tienes estatus. Dado que la autoridad funciona, actúa y se comporta de una manera que se llama consentimiento implícito, se comportará de una manera que indica que todos habéis consentido y, a menos que neguéis ese permiso, a menos que dejéis de hacerlo, a menos que digáis, esperad un momento, no estoy dando miu permiso, y no estoy de acuerdo con ello. No soy un nombre, apelo al derecho común; si quieres contratar, estaré encantado de trabajar contigo. Mi tarifa es de 900 euros por una hora. ¿Tenemos un contrato, sí o sí?

#Sabíasque

CAPÍTULO DIEZ

NADIE HABLA
LA VERDAD

Habla con los demás

Hace muchos años, durante mi periodo de locura
o Satori, como lo llaman en la India, estuve en una
fiesta local, más o menos underground, en la isla de
Ibiza. Miré a toda la gente que había allí y pensé para
mis adentros

*'Aquí estamos en Ibiza, una universidad espiritual en este
mundo, con toda esta gente maravillosa, que consciente o
forzadamente, elige alejarse del sistema o de la sociedad,
para empezar, de nuevo, a ser una versión diferente o mejor
de sí mismos'*

Francamente, no me impresionó. Lo que no vi
entonces, lo sé ahora y lo veo claramente. Estas
personas estaban consumidas por el alcohol y las
drogas... eran almas perdidas, poseídas por las
sombras, vestidas como personas. Fingían.

La verdad sobre las personas que fingen, es que se
mienten a sí mismas. ¿Pero por qué? ¿No es la verdad
la que nos hará libres? La razón es que todos vivimos
en una hipnosis masiva a través del control mental.

Para que estés informado, el campo que se alimenta de estas bajas frecuencias vibratorias se llama Wetiko. Puede decir que nos molesta como humanos y luego utilizar la reacción que provoca contra nosotros. Nos quita la energía vital. Sin saber cómo funciona, es ineludible debido a la dinámica del Wetiko en nuestro propio campo energético. Visto desde una perspectiva positiva, esta es la herramienta que el universo o el creador divino utiliza para poner a prueba nuestros cerebros y fundamentos morales, sólo para averiguar quién es lo suficientemente fuerte como para escapar de esta mente y conectar con la vibración del corazón.

¿Qué hacer o cómo tratar esto para empezar? Tómate tiempo para ti mismo en la naturaleza; unas cuantas veces a la semana o, si puedes, veinte minutos cada día te ayudarán mucho. Cuando salgas a la naturaleza, asegúrate de que vas sin teléfono, sentado en silencio y sin hacer nada, mirando a tu alrededor o escribiendo algo. Con esto.

#Sabíasque

Deja de hacer cosas que no quieres hacer. La comunicación clara es fundamental para esto.
El efecto es que dejas de representar los papeles que ya no sirven para tu bienestar. El resultado es que eres más honesto contigo mismo, tienes espacio para hacer nuevas elecciones y, poco a poco, empiezas a sentirte mejor.

Todo ocurre divinamente en el momento adecuado. Por lo tanto, cuando todo está destinado a ser, lo único que tienes que hacer es rendirte a la confianza. Cuando te encuentres en una situación en la que otra persona esté rompiendo tus límites, y si te sientes fuerte en ese momento, éste es
"tu momento para actuar con sabiduría" y servirte a ti mismo y, por tanto, a la humanidad. ¿Cómo? Confiando en tu intuición, manteniéndote en tu terreno moral y preguntando ¿por qué? Con intenciones honestas, empiezas a preguntar por la verdadera razón del comportamiento del otro. Las respuestas, a veces dolorosas, pueden liberarte porque aprendes algo, y empiezas a darte cuenta de que puedes resolverlo por ti mismo. También puede traer algún tipo de justicia simplemente por sacar la verdad a la superficie. Por tanto, mantener la calma y seguir preguntando por qué, romperá todas las técnicas de manipulación y te devolverá el control de tu vida. Si dominas la técnica de preguntar, el resultado es que tienes un control total sobre la situación, y sientes ese poder interior. Practicando el uso de tu intuición, defendiendo tu terreno moral y no siguiendo ciegamente a la sociedad matricial, elevarás tu vibración a su forma más elevada prevista.

Imagina cómo funciona esto una vez que la gente reconozca la vibración en sí misma y en los demás y quiera lo mismo. Con toda la humanidad en su más alta vibración, rompemos su sistema. Sólo imagina esta poderosa y elevada vibración de amor de una vez con todo el colectivo de la Tierra. ¡Esto es el amor de la humanidad, con toda su fuerza!

Nadie sabe cómo termina...

Ahora volvamos al principio, si esta vida es un gran juego, ¿cómo termina? Como todos los juegos, en algún momento llega a su fin porque hay un ganador o porque los otros jugadores ya no quieren participar o jugar al juego. Es entonces cuando se acaba.

A continuación, todos los roles y reglas del juego se detienen y se continúa con el orden del día. Los peones y el tablero de juego vuelven a la caja y se guardan. Todos los jugadores vuelven a ser iguales. Al final
nunca se trataba de ganar, sino de participar, de aprender las lecciones de la vida, de recuperar tu poder divino y la soberanía que Dios te ha dado. Espero que cuando termine puedas mirar atrás a este interesante pero hermoso periodo con confianza y estar orgulloso de ti mismo por tu participación en el cambio de la sociedad para el mayor bien de la humanidad y nuestro propósito divino en la Tierra.

¡Lo has hecho de todas formas!

"PRUEBA ESTO EN CASA"

Para cerrar este folleto educativo,
te dejo con 2 sugerencias desafiantes
para salir de la zona de confort y
hacer de tu mundo un lugar mejor:

"Acto de bondad"

Sólo podemos trascender el Ego a través del
servicio.
Juega al juego de las buenas intenciones.
Haz algo positivo por otra persona, sólo por
diversión

"Un día sin..."

Desafía tus límites.
Vive un día sin:
es decir, café, tabaco, teléfono, zapatos, sueño; piensa en
algo que te guste y de lo que puedas prescindir durante
un día.

Gracias.

Me gustaría dar las gracias a todos los que me han apoyado en este proceso. Un agradecimiento especial por dar más
claridad sobre la dirección de mi escritura a Tess, Aubrey, Sahifa y Wouter.

Nadie sabe lo amado que eres

Página de definiciones

Archon =
En el gnosticismo, los arcontes (del griego arkhon, "gobernante"[1]) eran seres malévolos y sádicos que controlaban la tierra, así como muchos de los pensamientos, sentimientos y acciones de los humanos. Ayudaron a su amo, el demiurgo, en la creación del mundo, y continuaron ayudándole a administrar su dominio opresivo.

Demiurge =
En la escuela filosófica platónica, el Demiurgo es una deidad que modela el mundo físico a la luz de las ideas eternas. En el Timeo, Platón atribuye al Demiurgo la tarea de tomar los materiales preexistentes del caos y ordenarlos de acuerdo con los modelos de las formas eternas.

Ego =
El ego es el sentido de autoestima o autoimportancia de una persona. El ego es la parte de la mente que media entre el consciente y el inconsciente y es responsable de la comprobación de la realidad y del sentimiento de identidad personal.

Moksha =
Moksha, también llamado vimoksha, vimukti y mukti, es un término en el hinduismo, el budismo, el jainismo y el sijismo que designa diversas formas de emancipación, iluminación, liberación y puesta en libertad.

Natural Law =
El derecho natural es un sistema de derecho basado en una estrecha observación de la naturaleza humana, y basado en valores intrínsecos a la naturaleza humana que pueden deducirse y aplicarse independientemente del derecho positivo.

Reptiles/Greys =
Algunos expertos en ovnis creen que los alienígenas grises eran una raza esclava creada por los poderosos Draco

Reptilianos. El propósito de los grises era cosechar la "energía negativa" de otras razas. Sin embargo, se informa de que los grises se rebelaron y formaron ciertos pactos con los gobiernos humanos. Los grises son una raza supuestamente moribunda y necesitan que los humanos continúen con su programa de hibridación para prolongar la vida de su raza..

Satori =
Satori significa la experiencia del despertar ("iluminación") o la aprehensión de la verdadera naturaleza de la realidad.

Solar plexus =
El plexo solar -también llamado plexo celíaco- es un complejo sistema de nervios y ganglios irradiados.
Se encuentra en la boca del estómago, delante de la aorta.
Forma parte del sistema nervioso simpático. Desempeña un papel importante en el funcionamiento del estómago, los riñones, el hígado y las glándulas suprarrenales.

Stockholm Syndrome =
El síndrome de Estocolmo es un mecanismo de adaptación a una situación de cautiverio o abuso. Las personas desarrollan sentimientos positivos hacia sus captores o maltratadores con el paso del tiempo. Esta condición se aplica a situaciones que incluyen el abuso de niños, el abuso de entrenadores y atletas, el abuso de relaciones y el tráfico sexual.

Wetiko =
En su significado nativo americano, el wetiko es un espíritu caníbal maligno que puede apoderarse de la mente de las personas, llevándolas al egoísmo, a la codicia insaciable y al consumo como fin en sí mismo, volviendo destructivamente nuestro genio creativo intrínseco contra nuestra propia humanidad.

Sobre el autor

¿Cómo me va la vida?

Me veo como un humano con una experiencia espiritual.

Estoy aquí para experimentar el libre albedrío. Sé que soy un hijo del Creador, que estoy aprendiendo a utilizar mi condición de soberano y a vivir mi máximo potencial. Como ser humano, nada ni nadie me posee. No tengo obligaciones, ni deudas, ni contratos contra mi voluntad.